LETTRE

A
MADAME DE ***
SUR
L'ORPHELIN
DE LA CHINE,
TRAGEDIE NOUVELLE
DE M. DE VOLTAIRE.

Le prix est de 12 sols.

M. DCC. LV.

LETTRE
A MADAME DE ***
SUR
L'ORPHELIN
DE LA CHINE.

QUE vous êtes à plaindre, MADAME! Il ne vous est pas possible, dites-vous, de quitter la Campagne & de venir voir la Tragédie nouvelle; elle a eu le plus grand succès. Vous me chargez de vous rendre un compte exact de la Piéce; c'est un foible dédommagement pour vous, mais enfin je m'acquitte de la parole que je vous en ai donnée : je connois trop le prix de pouvoir être agréable aux personnes qu'on estime.

A

L'Orphelin de la Chine est une Tragédie d'imagination ; il n'y a de vrai, dans toute la Piéce, que les conquêtes de *Gengis-Kan* Scythe de nation, sans naissance, sans culture, mais plein d'ambition & de courage ; il parvint à faire la conquête de tout le *Cataï.* L'Histoire place ce Héros au douziéme siécle. Voici comme M. de Voltaire a travaillé sur un fonds si stérile.

Gengis-Kan envoie son Lieutenant *Octar* reduire la Capitale de la Chine. *Octar* met tout à feu & à sang dans la Ville ; il fait égorger le Roi, la Reine, & cinq Princes leurs enfans. Un sixiéme, encore au berceau, est secretement remis à *Zamti* Ministre & Mandarin, qui habitant un Palais éloigné de la Ville, & respecté de la fureur des Tartares, se trouve à portée de sauver l'unique rejetton de tant de Rois. Une armée de Coréens, alliés de la nation Chinoise, s'avance pour la secourir. *Zamti* & son épouse

Idamé, tous deux également vertueux, & qui voudroient mettre à l'abri de tout événement le dépôt précieux qui leur a été confié, n'héfitent pas à vouloir l'envoyer promptement à cette armée. Au moment qu'ils exécutent leur projet, on leur annonce que leur Palais eſt inveſti. *Octar* vient réclamer cet enfant qu'ils cachent, & il n'y a plus moyen de le faire paſſer en d'autres mains. L'épouſe & l'époux ſont dans le plus affreux déſeſpoir. Que fait ce dernier ? Il donne ordre à *Azir* de cacher le Prince dans le tombeau de ſes peres, & fait ſubſtituer, à cet enfant, ſon fils unique pour être immolé. Des ſoldats alloient le percer, quand ſa mere en furie arrive & le leur arrache. *Idamé* inſtruite que cet ordre a été donné par ſon époux, éclate en reproches contre lui. *Zamti* lui oppoſe ſon devoir, les ſermens qu'il a faits pour la conſervation de ſon Prince,

A ij

Idamé n'écoute que sa douleur, atteste toujours aux assassins de son fils, qu'ils se méprennent au choix de la victime.

Cependant *Gengis-Kan*, qui avoit voulu faire marcher devant lui la victoire, arrive, se plaint à ses Guerriers qu'ils ayent poussé trop loin la vengeance. Il ordonne qu'on respecte tous ces grands monumens consacrés aux Sciences & aux Arts, qu'on ne fasse plus couler de sang, & se borne à demander celui de l'Enfant dont la mort importe au repos du Monde. On expose à *Gengis* l'embarras de connoître la véritable Victime, celle qu'on alloit immoler n'étant pas le Prince. Une femme désespérée prend le Ciel à témoin que c'est son fils, & demande à tomber aux genoux de *Gengis-Kan* lui-même. Le Conquerant qui veut être éclairci, ordonne que cette femme paroisse. Il se trouble en la voyant ; il reconnoît *Idamé*, cette même *Idamé* à laquelle il avoit rendu autrefois des soins sous le nom de *Temugin*, dans un séjour qu'il avoit fait à la Capitale de la Chine. Il avoit osé alors demander la main d'*Idamé* ; le desir d'être plus digne d'elle & de se venger d'un refus qu'il avoit essuyé, lui inspira les grands projets qu'il mit à exécution. Il rassure cette beauté tremblante, il est bien loin de vouloir lui ôter son fils ; mais il prétend sçavoir qui d'elle où de son époux cherche à lui imposer. Comme *Idamé* demande toujours grace pour son fils, sans qu'elle veuille rien éclaircir, *Gengis* commande qu'on l'immole. Frappez, dit-il a ses Soldats. A ce mot terrible, la mere tombe aux pieds du Vainqueur & lui révele tout. Elle accuse son époux avec une noblesse étonnante, & qui ne peut se comparer qu'à la fermeté de *Zamti*, amené devant *Gengis-Kan*. Ce dernier qui sent sa premiere passion se rallumer, tâche de la vaincre: mais vaincu par elle, il met un prix à la grace d'*Idamé*, à celle de son époux, de leur fils & du Prince lui-même. Il propose à l'objet qu'il adore un divorce autorisé par les Loix des Tartares. *Idamé* frémit, & préfere son époux vertueux à toutes les Grandeurs de l'Univers. Tant d'héroïsme n'est qu'un obstacle de plus à la clémence du Conquerant. *Zamti* qui désespere de rien obtenir, prend un parti extrême. Cet époux va trouver son épouse, & lui conseille lui-même ce divorce pour l'intérêt de tant de têtes si cheres; mais il ajoûte qu'il descendra au tombeau, il seroit trop affreux pour lui de la voir unie à un autre. *Idamé* déteste de pareilles ressources, & en communique une autre toute simple. Dans ce même tombeau, dit-elle, où le Prince est caché, je connois une issue qui mene aux Coréens; prenons notre fils, celui de nos Rois, portons ce sacré dépôt dans tous les rangs belliqueux de nos Alliés, triomphons, ou mourons avec eux.

Zamti & *Idamé* parvenus à fuir, n'ont échappé à la vigilance de leurs ennemis, que pour retomber plus cruellement dans leurs mains. Un Combat s'est donné entre les Coréens & les Tartares. Les derniers ont été vainqueurs. *Gengis*, au milieu du carnage, voit *Idamé* disputant à des Soldats les deux enfans. Il fait conserver la vie à l'un, & à l'autre ; mais il jette des regards furieux sur *Idamé*. *Zamti* est mis aux fers. Ces époux infortunés attendent leur Arrêt. *Gengis* vient le prononcer, mais l'amour désarme sa fureur; il assure *Idamé* qu'il est encore tems d'obtenir sa grace. Cette vraie Héroïne n'en demande qu'une, c'est un dernier entretien avec son époux. *Gengis* qui se flatte que ce peut être un sentiment pour lui, se rend à cette priere. *Zamti* & *Idamé* se revoyent avec transport, se plaignent, s'encouragent réciproquement. L'épouse tire tout à coup un Poignard, & se défiant que sa main la serve mal, elle le présente à son époux pour qu'il la frappe, & qu'aussi-tôt il se perce lui-même, & tombe sur son épouse expirante ; notre mort, ajoute-t-elle, rendra jaloux le Tyran. *Zamti* n'a pas plûtôt levé le Poignard sur son épouse, que *Gengis* paroît & arrête un coup si désespéré. Le Héros ne revient point de son étonnement ; surpris de tant de courage, & plus encore de toutes les autres vertus d'*Idamé*, il lui pardonne, á elle, à son époux, à leur enfant & à l'enfant de leurs Rois. Il se propose de tenir lieu de pere à l'un & à l'autre, & il exhorte *Zamti* & *Idamé* à être toujours le modéle parfait des cœurs vertueux.

Je me trompe fort, Madame, où cette Tragédie sera mise au rang des plus belles de l'Auteur. Tous les genres de beauté s'y trouvent. Les situations sont neuves, frappantes & vraiment théâtrales. Je doute que l'intérêt soit plus fort dans *Merope*, & que les caracteres y soient mieux marqués. Quelle force, quelle grandeur d'ame dans *Idamé* & son époux ! Quel héroïsme naturel dans le Rôle de *Gengis Kan* ! Pour la conduite de la Piece, je la trouve encore admirable. Quelques personnes ont cru appercevoir un double intérêt au quatriéme Acte. Il n'y est plus question, disent-elles, de la mort du fils des Rois, mais du divorce d'*Idamé*. Il s'agit si bien alors de ce jeune Prince, que la conservation de ses jours dépend absolument de ce divorce. Les gradations de chaleur y sont observées supérieurement. Rien ne languit, à quelque chose près à la fin du troisieme

Acte & au commencement du quatriéme. Je pense même que c'est bien assez que ces longueurs ayent paru à la premiere Représentation de la Piece, & qu'elles seront supprimées à toutes les autres. On dit que l'Auteur avoit d'abord fait sa Piece en trois Actes ; il y paroît, & l'on reconnoît quelques Scenes de remplissage. Que M. de Voltaire retouche quelques endroits de cet Ouvrage, & je vous garantis que nous aurons un chef-d'œuvre.

Je ne vous parle pas, Madame, de la diction de la Piece ; elle est de M. de Voltaire, c'est assurément tout dire. Vous connoissez son coloris. J'appellerois volontiers l'Auteur, le *Rubens* de la Poësie.

Que ne puis-je, Madame, vous rendre tous ces morceaux admirables, tous ces détails uniques qui ont été si applaudis ! Vous m'en sçauriez bien bon gré, j'en suis sûr.

Voici tout ce que j'ai pû retenir.

Idamé expose à *Asseli*, sa Confidente, les suites affreuses du refus fait à *Gengis-Kan*.

Il eût servi l'Etat, qu'il détruit par la guerre :
Un refus a produit les malheurs de la Terre !

. . . .
. . . .

Il ne pardonne pas ; il se vit outrager,
Et l'Univers sait trop s'il aime à se venger !

Le Ministre *Zamti* de retour de la Ville, rapporte qu'il a vû,

Traîner dans son Palais, d'une main sanguinaire,
Le pere, les enfans, & leur mourante mere.

Le Roi n'a eu que le tems de lui dire,

Conserve au moins les jours au dernier de mes fils !

Zamti ajoute :

Jugez si mes sermens & mon cœur l'ont promis !

Les idées de ce Ministre, sur la mort, sont si belles ! . . . . .

Le coupable la fuit, le malheureux l'appelle.
Le brave la défie & marche au devant d'elle.
. . . .
Le sage qui l'attend, la reçoit sans regret.

Azir, Confident de *Zamti*, annonce que la désolation est au comble.

Des brigands vont changer en d'éternels déserts,
Ces murs que si long-tems admira l'Univers.

La maniere dont *Octar*, Lieutenant de *Gengis*, réclame l'enfant qu'on cache, a fait un grand effet.

Esclaves, écoutez ; que votre obéissance
Soit l'unique réponse à mes dernieres loix.
Il reste encor un fils du dernier de vos Rois :
C'est vous qui l'élevez ; votre soin téméraire
Ose en vain le cacher ; sa mort est nécessaire.

Peut-on mettre plus d'héroïsme qu'en met *Zamti* dans l'ordre qu'il donne qu'on sacrifie son fils ?

Il peut sauver mon Roi, je me charge du reste.
. . . .

Et je dois plus au sang de mon malheureux maître,
Qu'à cet enfant obscur à qui j'ai donné l'être.

. . . .

Dans son fatal berceau, saisis mon fils unique.

. . . .

Comme *Azir* lui représente la férocité de cette action, *Zamti* réplique :

. . . . . C'en est trop, je le veux.
Je suis pere, & ce cœur qu'un tel arrêt déchire,
S'en est dit encor plus que tu ne peux m'en dire ;
J'ai fait taire le sang, fais taire l'amitié.

Azir venant entretenir *Zamti* sur le sort de son fils, le Ministre s'écrie :

. . . . Arrête ! Et parle-moi
De l'espoir de l'Empire, & du fils de mon Roi.

Ce qui tourmente le plus ce pere infortuné, c'est la crainte que son épouse ne soit instruite de l'ordre qu'il a donné : il recommande bien le secret à son Confident.

Hélas ! la Vérité si souvent est cruelle !
On l'aime, & les humains sont malheureux par elle.

Il faut convenir pourtant, Madame, que les plus grandes beautés sont dans le second Acte. Il est étonnant combien tous les Vers suivans ont été applaudis. C'est *Idamé* qui éclate en reproches contre son époux :

L'avez-vous commandé ce sacrifice horrible ?
Non, je ne puis le croire ; & le Ciel irrité
N'a pas dans votre cœur mis tant de cruauté.

Elle dit que les soldats ont été moins cruels que lui :

Barbare ! Ils n'ont point eu ta fermeté cruelle
. . . .
Oui, j'ai sauvé le sang du fils & de la mere,
Et j'ose dire encor, de son malheureux pere.

L'époux s'excuse sur le grand intérêt de l'Etat.

. . . . Telle est notre misere ;
Vous êtes citoyenne avant que d'être mere.

A ces mots de serment, de nécessité, de devoir, *Idamé* oppose les loix de la nature;

Non, je ne connois point cette horrible vertu.
J'ai vû nos murs en cendre, & ce trône abattu;
J'ai pleuré de nos rois les disgraces affreuses:
Mais par quelles fureurs encor plus douloureuses,
Veux-tu, de ton épouse avançant le trépas,
Livrer le sang d'un fils qu'on ne demande pas?
Ces Rois ensevelis, disparus dans la poudre,
Sont-ils des Dieux pour toi, dont tu craignes la foudre?
A ces Dieux impuissans, dans la tombe endormis,
As-tu fait le serment d'assassiner mon fils?
Hélas! Grands & petits, & sujets, & Monarques,
Vainement distingués par de frivoles marques,
Egaux par la nature, égaux par le malheur;
Tout mortel est chargé de sa propre douleur;
Sa peine lui suffit.

Zamti ayant le cœur déchiré, mais préférant à tout le salut du Prince, répond vivement:

. . . . . Trahissez à la fois
Et le Ciel & l'Empire & le sang de nos Rois.

IDAMÉ.

De nos Rois! Va, te dis-je, ils n'ont rien à prétendre;
Je ne dois point mon sang en tribut à leur cendre;
Va, le nom de sujet n'est pas plus saint pour nous
Que les noms si sacrés & de pere & d'époux.

La Nature & l'Hymen, voilà les loix premieres,
Les devoirs, les liens des Nations entieres :
Ces loix viennent des Dieux, le reste est des hu-
   mains.
Ne me fais point haïr le sang des Souverains.
Oui, sauvons l'Orphelin d'un vainqueur homi-
   cide :
Mais ne le sauvons pas au prix d'un parricide.
Que les jours de mon fils n'achetent point ses
   jours :
Loin de l'abandonner, je vole à son secours ;
Je prens pitié de lui, prens pitié de toi-même,
De ton fils innocent, de sa mere qui t'aime.

Gengis-Kan est, à mon gré, le pre-
mier rôle de la Piéce. Jugez-en par
la maniere dont il dévelope son ca-
ractére :

On a poussé trop loin le droit de ma conquête :
Que le glaive se cache, & que la mort s'arrête.
Je veux que les vaincus respirent désormais ;
J'envoyai la terreur, & j'apporte la paix.
Le sang du fils des Rois suffit à ma vengeance ;
Etouffons dans ce sang la fatale semence
De complots éternels & de divisions,
Qu'un fantôme de Prince inspire aux Nations.
                      . . . . .

Cessez de mutiler tous ces grands monumens,
Ces prodiges des arts consacrés par les tems.

Conservez, dit-il, tous ces fruits du génie, ces écrits immortels :

Si l'erreur les dicta, cette erreur m'est utile,
Elle occupe ce Peuple, & le rend plus docile.

Il s'applaudit que l'affront qu'il essuya en n'obtenant point la main d'*Idamé* ait tourné à sa gloire :

Mon bonheur m'eût perdu. Mon ame toute en-
 tiere
Se doit aux grands objets de ma vaste carriere.
J'ai subjugué le monde, & j'aurois soupiré.

Idamé se flatte qu'en tombant aux genoux de *Gengis*, elle obtiendra grace pour son fils :

Puisqu'il est tout-puissant, il sera généreux.
Pourroit-il rejetter les pleurs des malheureux ?

La deuxiéme Scene du troisiéme Acte, où *Idamé* est admise à parler

B

à *Gengis*, commence par ces deux Vers-ci :

Vous devez vous venger, je m'y suis attendue :
Mais épargnez mon fils, mon fils est innocent.
GENGIS-KAN.
Quel indigne artifice ose-t-on m'opposer ?
De vous, de votre époux, qui prétend m'imposer ?

Dans la Scene suivante, Scene dans laquelle *Idamé* accuse son époux avec tant de noblesse, elle dit :

Je devois respecter sa fermeté sévere ;
Je devois l'imiter : mais enfin je suis mere.

Elle donne pour preuve que l'enfant qu'elle réclamoit étoit son fils, tous les transports où elle s'est abandonnée :

Seigneur, à cet effort, que j'ai trop fait connoître,
Une mere aisément pouvoit se reconnoître.

Elle dit ensuite :

Voyez de cet enfant le pere confondu,
Qui ne vous a trahi qu'à force de vertu.

Dans la quatriéme Scene du quatriéme Acte, *Gengis* fait à *Idamé* l'aveu de la passion la plus forte; il se flatte d'être aujourd'hui digne de cette beauté.

Vous vous deviez, Madame, au vainqueur des humains.
Temugin vient à vous, vingt sceptres dans les mains.
. . . . Le Trône a quelques charmes,
Et le bandeau des Rois peut essuyer des larmes.

Idamé lui répond :

Vos destins sont changés, mais le mien ne peut l'être.
. . . .
Mon époux m'est sacré; je dirai plus, je l'aime:
Je le préfere à vous, au trône, à vos grandeurs;
Pardonnez cet aveu : mais respectez mes mœurs.

Dans la premiere Scene du cinquiéme Acte, *Asseli* est d'avis qu'*Idamé* tâche de fléchir *Gengis*. *Idamé* répond qu'il est transporté de fureur contre elle; c'est une raison de plus, réplique la Confidente, pour

B ij

désarmer cet amant irrité.

Et vous doutez encor d'asservir ses fureurs.
Ce tigre subjugué, qui rugit dans sa chaîne,
S'il ne vous aimoit pas, parleroit moins de haine.

Enfin, vient le dénouement de la Piéce & une tirade unique. C'est M. de Voltaire, mais M. de Voltaire dans ses plus grands coups de feu & de génie. *Gengis* parle ainsi au moment qu'il a surpris & arrêté *Zamti*, qui avoit le poignard levé sur son épouse pour s'en frapper aussi-tôt lui-même :

A peine dans ces lieux je croi ce que j'ai vû.
Tous deux je vous admire, & vous m'avez vaincu.
Je rougis sur le Trône où m'a mis la victoire,
D'être au-dessous de vous au milieu de ma gloire.
En vain, par mes exploits, j'ai su me signaler,
Vous m'avez avili, je veux vous égaler.
J'ignorois qu'un mortel pût se dompter lui-même;
Je l'apprens, je vous dois cette gloire suprême :
Jouissez de l'honneur d'avoir pu me changer.
Je viens vous réunir, je viens vous protéger.

Veillez, heureux époux, fur l'innocente vie
De l'enfant de vos Rois, que ma main vous confie:
Par le droit des combats j'en pouvois difpofer;
Je vous remets ce droit dont j'allois abufer.
Peut-être à cet enfant, heureux dans fa mifere,
Ainfi qu'à votre fils, je tiendrai lieu de pere :
Vous verrez fi l'on peut fe fier à ma foi.
Je fus un Conquérant, vous m'avez fait un Roi.
ZAMTI.
Vous êtes digne enfin, Seigneur, de votre gloire.
Ah ! Vous ferez aimer votre joug aux vaincus.

. . . .

IDAMÉ.
Qui put vous infpirer ce deffein ?
GENGIS.
Vos vertus.

Voilà, Madame, tout le jugement que je peux porter de cette Piece fur une premiere Repréfentation. Vous entendrez dire, fans doute, que quelques Vers ont paru hardis, comme, par exemple, ceux que je vous ai cités dans la deuxiéme Scene du fecond Acte : mais défiez-vous de tous ces Zoïles qui ne critiquent que pour ne sçavoir pas aussi-bien faire. Ces Vers ne doivent non plus blesser à Paris qu'à Londres. Qui ne voit clairement que tout ce que dit *Idamé* ne fait que sortir davantage l'amour de ses Rois ? Et d'ailleurs, la Piece entiere ne porte-t-elle pas sur cet amour si naturel & si légitime ?

Dans l'Histoire de la Chine, par le Pere *du Halde*, il est parlé d'une Tragédie Chinoise, où un pere sacrifie également son fils pour le salut d'un Prince au berceau. Mais à cela près, & au titre des deux Tragédies, il n'y a aucune ressemblance. J'aimerois autant qu'on comparât un Magot de la Chine à un de nos plus grands Tableaux de le Brun. M. de Voltaire n'a peut-être non plus lû cet Orphelin de la Chine que le *Héros Chinois* du fameux Abbé *de Metastasio*, Tragédie que j'ai vû représenter en Italie, & qui a un faux air des deux autres.

Au reste, Madame, je dois rendre justice aux Acteurs. Mademoiselle Clairon a joué à son ordinaire, c'est-à-dire, avec autant de force que d'intelligence ; son jeu est naturel, frappant & varié : elle nous dédommage de la perte de Mademoiselle le Couvreur. M. Sarrasin a rendu son rôle avec la plus grande vérité. On a trouvé que M. le Kain avoit mal saisi le sien à la premiere représentation ; à la seconde, il a paru ce qu'il est, un des plus grands Acteurs que nous ayions. Le Public a beaucoup goûté la maniere dont étoient habillés les Acteurs & les Actrices ; elles étoient en Chinoises, sans gants, sans panier, sans frisure & sans diamants. Voilà la premiere fois que j'ai vû observer le *costume* sur nos Théatres ; cela encouragera peut-être les Acteurs à le suivre à l'avenir.

Quoiqu'il en soit, de toutes les critiques qu'on fera sur la Piece nouvelle, puissions-nous avoir toujours des Voltaire. !

FIN.

www.ingramcontent.com/pod-product-compliance
Lightning Source LLC
Chambersburg PA
CBHW060631050426
42451CB00012B/2543